AF550747

Alexandria
Kairo

Pyramiden von Gizeh
Nil

Ägypten

ROTES MEER

Tal der Könige
Luxor

Abu Simbel

Silke Vry · Marie Geissler

DUSTY DIGGERS

Die mausetoteste Mumie aus dem Alten Ägypten

Das Geheimnis von Tutanchamun

Auf nach Ägypten! Auf ins Tal der Könige*.

Und was könnte man dort Besseres tun, als nach einem verloren geglaubten Pharao* suchen? Eben! Genau das tat vor 100 Jahren der britische Archäologe* Howard Carter und stieß dabei im heißen Wüstensand auf den größten ägyptischen Schatz aller Zeiten: auf das Grab Tutanchamuns. Zugegeben, ein paar Leute haben ihm dabei schon geholfen: Der kleine Hussein zum Beispiel, der die erste Stufe fand, und auch der super reiche Lord Carnarvon, der nichts Besseres mit seinem Geld anzufangen wusste, als es für Ausgrabungen im Sand zu versenken. Obwohl ihm fast der Geduldsfaden gerissen wäre aufgrund der fünf Jahre langen vergeblichen Suche nach dem Grab.

Heute kennt Tutanchamun jedes Kind. Aber damals war der Pharao ein Unbekannter, mit dem niemand gerechnet hatte, galt das Tal der Könige doch als total leergeraubt. Inzwischen haben alle möglichen Wissenschaftler versucht, dem altägyptischen König seine Geheimnisse zu entlocken. Ärzte haben ihn unter die Lupe genommen und sogar Klebstoffforscher interessierten sich für ihn!

So viel steht fest: Mausetot war der kleine König die längste Zeit seines Lebens. Deshalb geht es jetzt auch endlich los – ins Alte Ägypten.

TUTANCHAMUN

*Alle Worte mit * findest du hier erklärt*

Auf geht's zur
Mumiensuche.

Die Entdecker

4. November 1922 im Tal der Könige, Ägypten

Das ist Howard. Er steht im Tal der Könige und fühlt sich – nein, nicht wie ein König, sondern – wie ein Junge, der eine gute Mathearbeit nach Hause bringen müsste. Oder etwas ähnlich Gigantisches. Dem das aber beim besten Willen nicht gelingt. Er fühlt sich wie jemand, der etwas Unmögliches möglich machen müsste.
Natürlich muss sich Howard schon lange nicht mehr den Kopf über Mathearbeiten zerbrechen. Schließlich ist er erwachsen und sogar schon so alt, dass ihm einige Haare ausfallen. Etwas anderes zerrt an seinen Nerven: Ein altägyptischer Herrscher. Natürlich VERFOLGT ihn keine lebendig gewordene Mumie*. Im Gegenteil: Er SUCHT eine Mumie und kann sie nicht finden. Er sucht das Grab eines Pharao – eines gewissen TUTANCHAMUN.

TUTANCHAMUN

Doch genau DER scheint wie vom Erdboden verschluckt. Unauffindbar! Oder vielleicht auch längst geklaut, geraubt oder wie auch immer aus dem Tal verschwunden. Howards große Hoffnung: Irgendwo versteckt sich der Pharao und wurde bisher einfach noch nicht aufgespürt!

Was Howard und seine Zeitgenossen über Tutanchamun wissen? Nicht viel, und nur das scheint klar: Dieser Pharao hat einmal gelebt, regiert und ist dann gestorben. Und er hat im Tal einige Spuren hinterlassen, und irgendwo muss er beerdigt worden sein. Ziemlich sicher im Tal der Könige, wie viele seiner lieben Pharaonen-Kollegen auch. Die Frage ist nur:

WO?

Aber nicht nur der verschwundene Pharao macht Howard zu schaffen, auch die Lebenden bereiten ihm Kopfschmerzen. Er spürt die Blicke seiner Grabungsarbeiter und hört ihr Tuscheln.
»Der Mister hat wohl nicht mehr alle Mumien im Schrank!«
»Mir schimmelt langsam die Geduld weg …«
»Hier können wir graben, bis wir mumifizieren …«
Ja, ja, ja!! Howard kann es langsam nicht mehr hören.
Das Tal der Könige, der alte Begräbnisplatz der Pharaonen, scheint leer zu sein – leergeräumt, leergeraubt. Hier einen Pharao finden?

Lachhaft, aberwitzig, aussichtslos, so denken die meisten. So denken eigentlich – alle.

»Alle, außer mir!«

Wenn sich irgendeiner im Tal der Könige auskennt, dann ist es Howard. Er war 18, als er nach Ägypten kam, und seitdem gräbt, forscht und zeichnet er hier. Vor allem das Tal der Könige fasziniert ihn wie kein anderer Ort. Faszinierend ist auch das: Er ist als Archäologe Autodidakt.

Hä? Kommt er mit dem Auto zur Ausgrabung?

Das bedeutet: Er hat sich die Archäologie selbst beigebracht und sogar das Entziffern der Hieroglyphen*.

Obwohl er also nicht studiert hat und auch kein Professor ist, genießt er trotzdem großes Ansehen, auch bei den »echten« Archäologen und Ägyptologen*. Jetzt aber müssen auch die sich immer wieder über ihn wundern.

Auch Mister Davis aus Amerika hat längst jede Hoffnung auf ein Pharaonengrab fahren lassen. Wenn Howard an ihn bloß DENKT! Er hält Davis für einen idiotischen Hobbyarchäologen, der zwar viel Geld, aber wenig Ahnung von Archäologie hat. Vor 20 Jahren war er nach Ägypten gekommen, hatte sich eine Grabungslizenz* fürs Tal der Könige gekauft, hatte mit Howards fachlicher Unterstützung losgegraben und dann tatsächlich einige aufsehenerregende Dinge gefunden.

Mister DAVIS

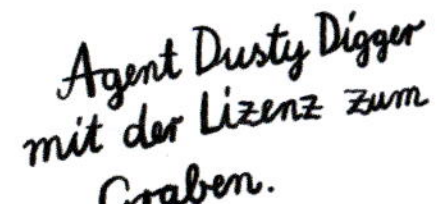

Das Grab des Pharao Thutmosis IV. zum Beispiel und noch einige andere Gräber.
Bald danach hatte Davis (ohne Howard) eine andere grandiose Entdeckung gemacht: Er hatte das Stück einer Fayenceschale gefunden, auf der ein geheimnisvoller Name geschrieben stand: Tutanchamun – der erste Hinweis darauf, dass es einmal einen Pharao mit diesem Namen gegeben haben musste.

Und Howard weiß »Dieser Tutanchamun war weder Schuhputzer noch Eisverkäufer, sondern Pharao. Das erkennt man an diesem Oval, der Kartusche*.

Bald darauf hatte der reiche Amerikaner dann das erst einmal recht unspektakulär aussehende Grab KV54 freigelegt. Darin hatte er einige Gegenstände entdeckt, die mit »Nebcheperure« beschriftet waren, dem Thronnamen* Tutanchamuns – eine Sensation. Und was hatte Davis getan? Er hatte die Fundstätte zu Tutanchamuns Grab erklärt, sich als dessen Entdecker ausgegeben und damit jede Diskussion im Keim erstickt.

Howard hatte darüber nur die Nase gerümpft.

»DAS? EIN Grab? DAS Grab EINES Pharao? UNSINN!«

Oh nein, er war fest davon überzeugt: Dies mochte vielleicht einmal ein Grab gewesen sein – aber ganz bestimmt hatte niemals Pharao Tutanchamun darin gelegen. Das wahre Grab Tutanchamuns wartete noch auf seine Entdeckung. Insgeheim war er fest davon überzeugt: Es wartete noch auf ihn, auf HOWARD!

Als es einige Zeit später mit dem Entdecken nicht mehr so recht funktioniert hatte, war Davis ungeduldig geworden, hatte die Grabungslizenz zurückgegeben und war wieder nach Amerika gereist. Vorher hatte er noch verkündet:

»Das Tal der Könige ist leer!«

Obwohl das nun schon viele Jahre zurückliegt, plappert ihm diesen Satz noch immer jeder Trottel nach. Sogar Howards ägyptische Arbeiter* tun das …

Mit Davis' Abschied aus Ägypten 1913/14 war die Lizenz zum Graben wieder frei geworden und ein englischer Lord hatte sie gekauft. Jetzt durfte ER also im Tal graben, und Howard half ihm dabei. Das Beste: Ihm war es tatsächlich gelungen, den Lord von Tutanchamun zu überzeugen.

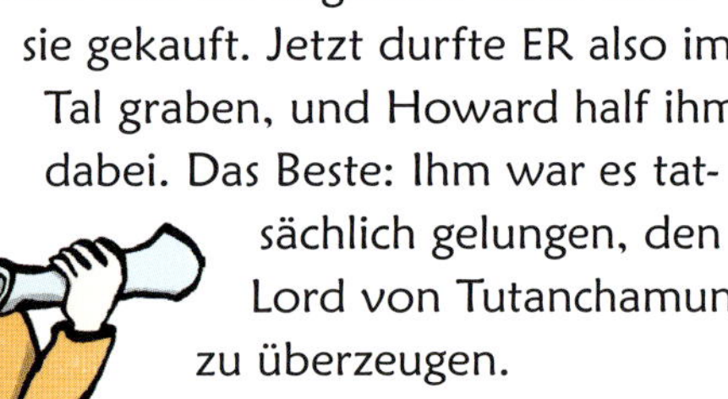

Gemeinsam hatten die beiden Männer 1917 damit begonnen, nach dem Pharao und seinem Grab zu suchen. So waren fünf Jahre verstrichen.

»Und was haben wir seitdem gefunden?
Viel heiße Luft und alles andere als Tutanchamun!«

Dass man Howard und auch den Lord schon bald als die größten Dummköpfe aller Zeiten betrachten könnte, über die die Welt lacht und die ihr Geld verschwenden? Gut möglich. Kein Wunder also, dass Howard ziemlich nervös ist.
Bei aller Ratlosigkeit weiß Howard nur so viel: Wenn er das Grab des Pharao nicht bald findet, dann ist hier Schicht im Schacht, Ruhe im Karton, dann ist der Klappspaten für immer zugeklappt. Das hat ihm der Lord vor wenigen Monaten klipp und klar zu verstehen gegeben:

Wenige Monate zuvor auf Schloss Highclere Castle, Howard ist bei Lord Carnarvon zu Hause

»Lieber Mister Carter, ich mag Sie sehr, aber langsam reißt mein immer dürrer werdender Geduldsfaden …«

»Mylord, aber …«

»Ich will gar nicht ausrechnen, wieviel Pfund ich schon im Wüstensand versenkt habe. Mein Geld schmilzt dahin wie Butter in der Sonne …«

»Aber, Mylord …«

»Zum Glück liebe ich zerlassene Butter genauso wie die Sonne! Und noch mehr liebe ich es, mit Ihnen im Tal der Könige jedes einzelne Sandkorn umzudrehen. Ausgraben ist für mich zu einem beglückenden Hobby geworden. Aber leider auch zu einer gigantischen Geldvernichtungsmaschine. Graben ist teuer. Und wir graben nun schon seit vielen Jahren, doch leider ohne Erfolg …«

»Aber, Mylord, das war nicht immer so.«

»Aber das ist lange her, und damit ist jetzt Schluss. Wir machen uns lächerlich. Das Tal ist vollständig durchwühlt, nicht nur in eine, sondern in alle Richtungen. So viele waren schon vor uns da. Vergessen Sie diesen Tutanchamun. Fünf Jahre suchen wir nun schon nach dem alten Knaben. Da ist nichts mehr zu holen! Die Zeit der großen Entdeckungen ist vorbei. Das scheint jeder zu wissen, nur wir nicht … Ich erkläre unser Unternehmen deshalb für gescheitert. Verstehen Sie?

Wir hören auf!«

»Mylord, ich flehe Sie an, schauen Sie sich bitte zuerst das hier an …«

Es gibt sie – diese eine Stelle, die seit Tausenden von Jahren vollkommen unberührt daliegt: dieses Dreieck unterhalb des Grabes von Ramses VI*. Genau hier sollten wir in die Tiefe gehen. Geben Sie uns diese letzte Chance.«
Howard hatte, aufgeregt gestikulierend, auf den Lord eingeredet. Der hatte nur dagesessen, zugehört, an seiner Teetasse genippt und gelegentlich ein nachdenkliches »hm-hmm« hören lassen. Endlich war Howard zum Schluss gekommen:

»Mylord, zur Not bezahle ich die Grabung selbst!«

Dann war es mucksmäuschenstill geworden. Die verstreichenden Minuten kamen Howard wie eine Ewigkeit vor. Dann hatte sich der Lord geräuspert und gesagt:
»Na gut, mein Freund. Ich hege zwar für diesen Tutanchamun inzwischen so wenig Hoffnung wie für einen Goldfisch in einer Keksdose. Aber für eine allerletzte Grabungskampagne bekommen Sie noch einmal das nötige Geld. Tun Sie also, was ein Archäologe tun muss! Aber denken Sie daran:

DANACH ist Schluss!«

Zurück im Tal der Könige

Das Gespräch zwischen Howard und dem Lord liegt nun mehrere Monate zurück. Seitdem hat Howards Herz nicht aufgehört, wie verrückt zu pochen.

Vor wenigen Tagen haben seine Arbeiter damit begonnen, die massive Geröllschicht unterhalb des Ramses-Grabes wegzuschaufeln. Dabei sind die Fundamente alter Gebäude zum Vorschein gekommen, Überreste jahrtausendealter Arbeiterhütten*.

Jetzt lautet die Aufgabe: Bis zum gewachsenen Felsen* hinunter graben und alles andere entfernen. Alles weghauen, was auf dem Weg zu einem möglichen Pharaonengrab stören könnte.

Achmed fängt erst einmal an, ein Lied anzustimmen. Mustafa schwingt seine Hacke im Takt dazu, und Machmoud, Isa, Ibrahim und alle anderen machen es ihm nach.

Alles läuft, wie es laufen soll. Mehr kann Howard in diesem Moment gar nicht tun … und so beschließt er, einen kleinen Spaziergang zu machen. »Das wird meinen Nerven guttun«, denkt er, dreht sich um und geht los.

Und so bekommt er nicht mit, was kurz darauf geschieht: sieht nicht, wie Hussein, der Wasserträger, auf seinem Esel heranreitet. Sieht nicht, wie der Junge die schweren Krüge vom Esel hievt. Wie er Vertiefungen in den Boden hackt, um die spitzen Krüge darin abzustellen. Und sieht deshalb auch das alles Entscheidende nicht: wie Hussein dabei eine Steinplatte entdeckt.

Eine Stufe ist der bescheidene Beginn einer Treppe ...

»Eine Stufe, die in den Berg hineinführt, wie seltsam!«, schießt es ihm noch durch den Kopf. Und das sehen auch die herbeieilenden Arbeiter, die augenblicklich Gesang, Gehacke und Gespräche beenden ... Eine Stufe, die in den Berg hineinführt, könnte genau das sein, was ihr »MISTER« so verzweifelt sucht: der Eingang zu einem unterirdischen Grab.

Als Howard bald darauf von seinem Spaziergang zurückkehrt, erwartet ihn vollkommene Stille. Alle blicken ihm erwartungsvoll entgegen. Howard ahnt, dass etwas geschehen sein muss.

»Eine Stufe! Unter der ersten Hütte! Hussein hat sie entdeckt«, ruft ihm einer der Männer entgegen.
Howard tritt näher: »Tatsächlich, eine Stufe! In den Felsen gehauen.« Und zu dem Jungen: »Gut gemacht, Hussein!«
»Grabt weiter!«, fordert er die Männer auf. Gesagt – getan.

Am nächsten Nachmittag liegen mehrere Stufen, die in den Berg hineinführen, vor ihnen.

»Der Eingang zu einem Grab?«

Howard würde am liebsten jubeln. »Bloß nicht zu früh freuen!«, sagt er sich. »Grab« bedeutet nicht gleich Pharao, Gold oder Schätze. Vielleicht ist das ein Grab, das nie benutzt wurde. Oder nie fertig. Oder geplündert. Eine Stufe nach der anderen legen seine Arbeiter frei, eine gigantische Treppe, die in einen Felsengang von 3 Metern Höhe und 2 Metern Breite mündet. Und dann – es ist bereits Abend – stockt Howard das Herz: Am Fuß der 12. Stufe wird eine verschlossene, mit Mörtel bestrichene Tür sichtbar. Die Tür ist versiegelt. Und auf dem Siegel* befinden sich Hieroglyphen. Leider ist darauf nicht – wie sonst üblich – der Name des Verstorbenen verzeichnet. Stattdessen erkennt er das Siegel der Königstotenstadt*.

Das kann Gutes bedeuten:
1. sicher gehörte das Grab einer hochstehenden Persönlichkeit
2. vielleicht ist das Grab unversehrt

Während er noch vor der Tür steht, bemerkt er an deren oberen Ende – hier sind einige Stücke Mörtel abgefallen – einen hölzernen Querbalken. »Was für ein Glück!« Und bohrt ein Loch hinein, gerade groß genug, um eine Lampe hineinzustecken: »Ich sehe einen Gang. Vollgefüllt – vom Boden bis zur Decke – mit Steinen und Geröll.«

Er weiß genau: Das Chaos ist nicht einfach Müll. Traf ein Grabräuber* auf dieses Durcheinander, musste er annehmen: »Hier war schon jemand vor mir da!« Am liebsten würde er sofort den Eingang aufbrechen und weitersuchen. Stattdessen lässt er die Öffnung verschließen und die Treppe wieder zuschütten, denn: »Ohne den Lord bleibt die Mumie in der Gruft!« Und zu seinen Arbeitern sagt er: »Ihr bleibt hier und bewacht das Grab wie eure Augäpfel!«

Und während sich der Mond am Himmel über die Gräber und Berge erhebt, reitet er das Tal hinunter nach Hause: »Gleich morgen schicke ich dem Lord ein Telegramm!«.

Die Geldgeber

Money
Money
Money...

Der könnte
doch auch Geldgeber
für mein TASCHENGELD
werden.

Nette Hütte.
Hält den
Regen ab.

Highclere Castle, 5. November 1922

Jetzt endlich – Tataa! – Spotlight auf den reichen Lord aus England.
Und auf seine Tochter, Lady Evelyn.
Dieses Schloss ist ihr Zuhause. Hier genießt der Lord sein Leben als Schlossherr.
Leider gibt es etwas, das ihn gewaltig quält.
Seit einem Autounfall vor vielen Jahren tun ihm alle Knochen weh. Ganz schlimm sind die Schmerzen, wenn es regnet oder nieselt. Da das in England oft der Fall ist, jammert der Lord entsprechend häufig, ab November eigentlich TÄGLICH. Sein Arzt hatte ihm deshalb einen Rat gegeben:

»Verbringen Sie die Winter in Ägypten.«

Und der Lord hatte so (oder so ähnlich) geantwortet:

»Ägypten? Wo die Pyramiden wippten? Nicht gerade ein Katzensprung ... aber, wenn Sie meinen.«

So war er vor vielen Wintern erstmals ins Land der Pharaonen gereist – ziemlich umständlich mit Kutsche, Bahn, Schiff und Esel – und hatte dort nach einer sinnvollen Beschäftigung gesucht.

Welcher Pharao mag besonders cremiges Eis? Rahmses!

»Ich will hier ja nicht verschimmeln!«

Er hatte Howard kennengelernt und sich eine Grabungslizenz gekauft. Also die Erlaubnis, den Boden zu durchforsten, zum Beispiel nach Pharaonengräbern. So war der Lord zum Hobbyarchäologen geworden, und Howard zu seinem Grabungsleiter. Ein »Dreamteam« hatte sich gefunden: Sie gruben zusammen und lachten sogar über dieselben Witze.

»Klasse Hobby! Leider teuer!«

Der Lord hatte nicht nur etwas zu tun, auch seine Schmerzen waren verschwunden.

Nun aber zu ihr, der jungen Lady Evelyn. Seit zwei Jahren begleitet sie ihren Vater nach Ägypten. Zeit hat sie genug, denn sie ist eine LADY und muss nicht arbeiten. Denkt sie an Ägypten, Pyramiden und Mumien, läuft ihr ein wohliger Schauer über den Rücken. Schon ihre Großmutter hatte sich als junges Mädchen für Mumien begeistert. Dafür hatte Granny nicht einmal verreisen müssen. Damals waren »Mumienpartys« angesagt und Granny hatte in England eine besucht: »Erst wurde gespeist und dann gab es eine ägyptische Mumie!

Der Gastgeber führte seine Gäste in einen dunklen Raum und da lag sie – auf einem großen Tisch! Dann fing er an, sie auszuwickeln. Die Spannung stieg, denn mit jedem Augenblick näherten wir uns dem eingeschlossenen Wesen. Manchmal fielen dabei kleine Gegenstände, Amulette, zwischen den Stoffbahnen hervor, dann riefen alle laut »Ah!« und »Oh!« und schlürften ihren Champagner.

Und irgendwann lag sie dann vor uns – klein, verschrumpelt und gar nicht unheimlich, sondern bemitleidenswert – die

Mumie, die einmal ein Mensch aus Fleisch und Blut und mit einer Seele gewesen sein musste.«
Evelyn seufzt. Wie gerne würde sie auch einmal etwas entdecken, einen Pharao zum Beispiel.

Da klopft es an der Tür zur Bibliothek.
»Ein Telegramm für eure Lordschaft – aus Ägypten ...«, sagt der Butler und überreicht dem Hausherrn einen Umschlag.
»Sicher vom lieben Carter mit einer Einkaufsliste seiner Lieblingskekse.«

Er öffnet das Schreiben und liest:

»Endlich wunderbare Entdeckung im Tal gemacht. Ein herrliches Grab mit unbeschädigten Siegeln. Bis zu Ihrer Ankunft alles wieder zugedeckt. Gratuliere!«

»Evelyn«, sagt der Lord, »pack deine Koffer. Wir nehmen das nächste Schiff nach Ägypten!«

Na, das wird sicher 'ne schwere Geburt.

Der Pharao und seine Geburtshelfer

Im Tal der Könige, 23. November 1922

19 Tage später sind sie da, wo Howard sie bereits sehnsüchtig erwartet.

»Mylady, Mylord – unser Abenteuer kann beginnen. Jetzt stärken Sie sich erst einmal!«
Dann führt er sie zum Speisesaal.
»Ja, Sie sehen richtig – wir essen in diesem Grab. Nirgendwo sonst ist es so angenehm kühl!« Evelyn ist verblüfft:

»Das glaube ich ja jetzt nicht!«

Mit dabei: Howards alter Freund Arthur. Er ist Ingenieur und arbeitet ganz in der Nähe. Auch ihm hatte Howard ein Telegramm geschickt und von seiner Entdeckung berichtet.

»Gut, dass er da ist. Vielleicht brauche ich bald jemanden, der mir bei technischen Fragen hilft!«

Am nächsten Vormittag gehen alle zur Grabungsstätte: Die Arbeiter befreien die Treppe vom Schutt, und bereits am Nachmittag können sie die freigeschaufelte Tür untersuchen. Dabei entdecken sie ein weiteres Siegel, das Howard beim ersten Mal übersehen haben muss.
»Sehen Sie doch nur: Schilfrohr, Teich, Wasser, Brotlaib, Wachtelküken ...«. Er ist vollkommen überwältigt.

Die Lady und der Lord sehen Howard an.
»Und das heißt WAS?«, will Lady Evelyn wissen.

»Tutanchamun. Das bedeutet:
Das ist SEIN Grab! Aber hier«,

er fährt mit der Hand über die Tür und seine Stimme klingt enttäuscht,

»kann man leider noch mehr erkennen:
Die Tür wurde geöffnet, später wieder verschlossen.
Das Grab wurde geplündert.«

Der Lord blickt betrübt, die Lady seufzt.
»Das ist schlecht«, denkt sie und sieht bereits, wie sich ihr heiß ersehnter Pharao in Luft auflöst. Aber warum wurde das Grab ausgeraubt und dann wieder versiegelt? Ob es doch noch Hoffnung gibt?

Am nächsten Tag brechen sie die Tür auf. Dahinter: nichts als Geröll und Steine. Beim Ausräumen dann eine Überraschung: Im Geröll liegen Gegenstände, Siegel, Gefäße aus Alabaster* und vieles andere.
Howard rauft sich die Haare: »Wenn das mal nicht die Spuren von Grabräubern sind. Wurden überrascht und haben ihre Beute fallen lassen.«

Am nächsten Nachmittag, sie sind inzwischen 10 Meter vom Eingang entfernt, stoßen die Arbeiter auf eine zweite Tür. Auch sie ist versiegelt und hat Ähnlichkeit mit der ersten.

»Auch hier Einbruchsspuren.
So ein pharaonenverdammter Mist!«

Es dauert eine gefühlte Ewigkeit, bis der Schutt von der Tür geräumt ist. Howard schlägt eine kleine Öffnung in die linke obere Ecke und hält eine Kerze durch das Loch. Er sieht erst einmal – nichts. Dann aber tauchen in dem flackernden Licht zahllose Gestalten aus der Finsternis auf, seltsame Tiere, Statuen und Gerätschaften. Und überall Gold! Howard verschlägt es die Sprache. Er steht nur da und staunt. Nach einer Weile durchbricht der geduldig wartende Lord die Grabesstille: »Können Sie etwas sehen?«, fragt er flüsternd. Howard muss sich räuspern, bevor er sagen kann:

»Ja, wunderbare Dinge!«

Sie vergrößern das Loch, halten eine elektrische Lampe hinein und blicken nun gemeinsam.

Sie erkennen vergoldete Bahren, Statuen, Vasen aus Alabaster, Schreine, Betten, geschnitzte Sessel. Alles Mögliche – bloß keinen Sarg, der diesen Ort zu einem Grab machen würde. Aber ist da nicht … zwischen den strengen Wächtern … eine TÜR? »Licht! Wir brauchen mehr Licht!«, ruft Howard.

Also macht sich Arthur an die Arbeit und verlegt von der Hauptleitung im Tal einen elektrischen Anschluss ins Grab, und bereits am nächsten Nachmittag können sie die Gegenstände in der Kammer im hellen Licht anschauen. Mit Spannung untersuchen sie die Tür, aber leider: Sie ist zwar verschlossen, aber beschädigt – auch hier waren Diebe vor ihnen da. »Und jetzt schlagen WIR die Tür ein, Mister Carter?«, will Lady Evelyn wissen.

So gern Howard auch genau das tun würde, aber ...

»Nein, Mylady, wir sind weder Grabräuber noch Schatzsucher*. Wir müssen anders vorgehen.«

Sie müssen nämlich ...

1. sich einen vollständigen Überblick verschaffen
2. einen Plan zeichnen, wie alles beim Betreten des Raums aussieht
3. jeden Gegenstand, jede Wand, jede Malerei, jede Inschrift, jeden Krümel dokumentieren*, mit einer Nummer versehen und fotografieren

Erst danach können sie ...

1. die Gegenstände bewegen
2. sie heraustragen, konservieren* und ins Museum schaffen

Das bedeutet ...

- Sachverständige müssen her
- Labor und Arbeitsräume müssen eingerichtet werden
- bloß nicht die Nerven verlieren!

Während sie noch unschlüssig dastehen, entdecken sie unter einer der Bahren ein Loch in der Wand.
»Noch ein Raum!«, stellen sie fest. Er ist kleiner als die Vorkammer, dafür mit noch mehr Gegenständen vollgestellt.

»Jetzt muss erst einmal die Öffentlichkeit davon erfahren!«

Zwei Tage später wimmelt es in der Kammer von Vertretern der ägyptischen Regierung, von Archäologen, von Frauen und Männern. Und vor dem Eingang versammeln sich Touristen, Studierende, Kur- und Hotelgäste, die alle vom Pharao gehört haben. Sicherheitshalber lässt Howard kurz danach den Eingang mit Eisentür und Holzbalken verschließen. Jetzt heißt es: noch mehr Helfer finden! Howards Aufruf folgen schon bald einige großartige Spezialisten:

Einer ist Chemiker und weiß, wie Gegenstände konserviert werden können. Zwei andere sind Hieroglyphen-Spezialisten und total versessen darauf, Howard beim Entziffern der Inschriften zu unterstützen.
Dann ist da noch ein Archäologe, der für ein New Yorker Museum eine Ausgrabung bei Kairo leitet. Er bekommt frei und kann mit Howard die Grabschätze reparieren, nummerieren und dokumentieren. Das Museum überlässt Howard auch den genialen Fotografen Harry, der jeden wichtigen Augenblick knipst, außerdem zwei Spezialisten, die alles zeichnen und die Fundorte aller Objekte notieren.

Nach genau einem Monat kann die eigentliche Arbeit beginnen: das Ausräumen.
Jetzt heißt es sieben Wochen lang, tagein, tagaus, von morgens bis abends: schleppen. Dann ist der Raum leer, sogar der Staub ist durchgesiebt. Wenig später rollt eine Eisenbahn mit den ersten 34 schweren Packkisten hinunter zum Nil.

Am Nachmittag des 16. Februar 1923:

Fehlt nur noch Mumien-Fingerfood.

Howard hat in der Vorkammer Sesselreihen aufstellen lassen. Heute soll – bei einer Feier – die rätselhafte Tür geöffnet werden.

Er klettert auf die extra errichtete Plattform. Die Gäste, 40 Männer und Frauen, schauen ihn erwartungsvoll an. Er beginnt, in die obere Ecke der Tür ein Loch zu schlagen. Nach 10 Minuten ist es so groß, dass eine Lampe hindurchpasst und er hineinspähen kann. Direkt vor sich sieht er eine Wand aus Gold!
»D...da...das könnte die Sargkammer des Königs sein!«, stammelt er. Er vergrößert das Loch, bis nach 2 Stunden ein ausgewachsener Mensch durch die Öffnung passt.

Nacheinander zwängen sich Howard und der Lord in einen schmalen Gang zwischen Außenmauer und goldener Wand. »Das ist gar keine Wand, das ist ein Schrein!« stellen sie fassungslos fest.
Gleich danach eine Enttäuschung, als sie entdecken: Die Tür zum Schrein ist zwar verriegelt, aber das Siegel fehlt! Mit Herzklopfen öffnen sie sie und entdecken einen zweiten Schrein, der – was für ein Glück! – verriegelt UND versiegelt ist. Plötzlich durchfährt Howard ein Schauer:

»Der Pharao ist nahe! Ich spüre seine Gegenwart. Sie auch, Mylord?«

Anstatt sofort alle Schreine aufzureißen, schließen sie sie vorsichtig wieder. Tastend begeben sie sich auf Erkundungstour durch den schmalen Gang rund um den Schrein. Dort wartet schon die Sensation: Am anderen Ende der Kammer führt eine Öffnung in der Wand zum nächsten Raum und darin befinden sich die schönsten und rätselhaftesten Gegenstände, die Howard je gesehen hat. Kästen, Figuren, Göttinnen, Tiere, Wagen, Schiffsmodelle und an den Wänden die wundervollsten Malereien. Sie betrachten alles ganz genau und kehren dann zur Türöffnung zurück. Jetzt dürfen auch endlich die in der Vorkammer wartenden Besucher hinein, jeweils zu zweit zwängen sie sich in den schmalen Gang, drehen staunend eine Runde und kommen mit glänzenden Augen zurück in die Vorkammer. Am glücklichsten ist Lady Evelyn. Sie sieht ihren Pharao schon deutlich vor sich.
Kurz darauf lässt Howard alles wieder verschließen und zuschütten.
So vieles ist jetzt zu erledigen: Die Gegenstände, die noch im »Grab-Labor« liegen, kommen nach Kairo ins Museum. Howard braucht schließlich Platz.

Und auch der Lord reist einige Tage später mit Lady Evelyn in Ägyptens Hauptstadt. Aber nicht ins Museum, sondern ins Krankenhaus.

»Mir geht es gar nicht gut!«, klagt er, seit sich ein Moskitostich in seinem Gesicht entzündet hat. Howard bringt die beiden zum Schiff und winkt ihnen aufmunternd hinterher:

»Auf bald – see you soon!«

23 Tage vergehen, dann bekommt Howard ein Telegramm, darin steht: Der Lord ist tot! Howard ist zutiefst erschüttert.
Was wird nun bloß aus ihm und der Grabung? Ohne seinen lieben Freund und großzügigen Geldgeber, ohne die Lady?

War das vielleicht der Fluch des Pharao?

Neun Monate vergehen, bevor es im Grab endlich weitergehen kann. Hier heißt es als allererstes: Schutt wieder entfernen, denn jetzt wollen sie sich um die Schreine kümmern.

Am Vormittag des 3. Januar 1924 stellt Howard fest: Im dritten Schrein ist ein vierter Schrein. Und am Nachmittag bemerkt er: Im vierten Schrein steht ein riesiger Kasten aus Stein. Allein der Deckel ist so schwer, dass es unmöglich ist, ihn zu öffnen. Also: Alle Schreine müssen raus – vorsichtig auseinandergebaut und hinausgetragen werden. Das dauert vier Wochen. Danach ist in dem kleinen Raum Platz genug, um einen Flaschenzug aufzubauen. Damit gelingt es ihnen, den tonnenschweren Deckel anzuheben. Voller Erwartung blicken sie hinein und sehen darin – nicht etwa eine Mumie,

sondern – Tücher. Vorsichtig ziehen sie sie beiseite, bis darunter ein Sarkophag* sichtbar wird. Was für eine Überraschung! Der sieht nämlich ganz anders aus als der Kasten: Er hat eine menschliche Gestalt, ein Gesicht und Augen. Er scheint zu leben und ist wunderschön. Zum ersten Mal sieht Howard dem Pharao direkt in die Augen.

»Wenn doch der Lord und Lady Evelyn hier wären!«,

seufzt er.
Und in dem Sarkophag …

Warten, warten, warten … bis man selbst zur Mumie wird.

Oh nein, so schnell geht es nicht! Jetzt kommt es erneut zu Verzögerungen. Die Antikenverwaltung macht Probleme. Dass es Fundteilung* geben soll, wie vor Jahren mit dem Lord vereinbart? Damit ist Ägypten jetzt nicht mehr einverstanden. Bis das und vieles andere geklärt ist, ruht die Arbeit im Grab. Und so verstreichen ein Jahr und acht Monate.

Im Oktober 1925 geht es endlich weiter, Howard öffnet den ersten Sarkophag und entdeckt darin einen zweiten. Der sieht fast genauso aus wie der erste, ist aber noch schöner. Auf seiner Brust liegt eine Girlande aus Blumen und Beeren. Als hätte die jemand gerade erst dorthin gelegt und nicht vor mehr als 3000 Jahren!!
Im zweiten Sarkophag finden er und seine Helfer bald darauf einen dritten. Auch er blickt seinen Entdeckern aus

großen Augen entgegen. Howard fragt sich, warum er so außergewöhnlich wirkt. Sein Geheimnis: Er besteht aus purem Gold. Niemals zuvor hat Howard etwas so Schönes und Ergreifendes gesehen. Das erkennt er trotz der schwarzen Schicht, die die Unmengen an Salbölen hinterlassen haben.

»Teufelszeug! Alles verklebt!«

Mühsam hieven sie die aneinanderklebenden Sarkophage in den Vorraum. Ihre Neugier können sie jetzt nicht länger bremsen: Mit Hilfe des Flaschenzugs heben sie den tonnenschweren Golddeckel hoch, und tatsächlich! Da liegt er. Der Pharao! Tutanchamun! Seine Mumie, also das, was nach der Mumifizierung* von ihm geblieben ist, gut verpackt in Leinenbinden. Das menschenförmige Paket füllt den ganzen Sarkophag. Doch etwas anderes verschlägt ihnen die Sprache: Über Kopf und Schultern liegt eine Maske aus purem, strahlendem Gold. Tutanchamun, der junge Pharao, blickt sie mit großen Augen an. Der Gesichtsausdruck der Totenmaske ist ganz besonders und unterscheidet sich noch einmal von den drei Sarkophag-Gesichtern. Er sieht nicht nur strahlend schön, sondern ganz lebendig aus.
»Wie zart und sanft er blickt. Und fast ein wenig traurig«, denkt Howard, selbst ein bisschen wehmütig. Drei Jahre ist es her, dass sie den Eingang zum Grab entdeckt haben. Dass der Lord und die Lady jetzt nicht dabei sind, betrübt ihn sehr.

Howard hat sein heiß ersehntes Ziel erreicht. Tutanchamun ist plötzlich Wirklichkeit – er ist nicht mehr nur ein Name, sondern liegt als leibhaftiger Mensch vor Howard, der nicht aufhören kann, ihn zu betrachten. Tutanchamun hat zum zweiten Mal das Licht der Welt erblickt. Fängt jetzt nicht erst alles an?

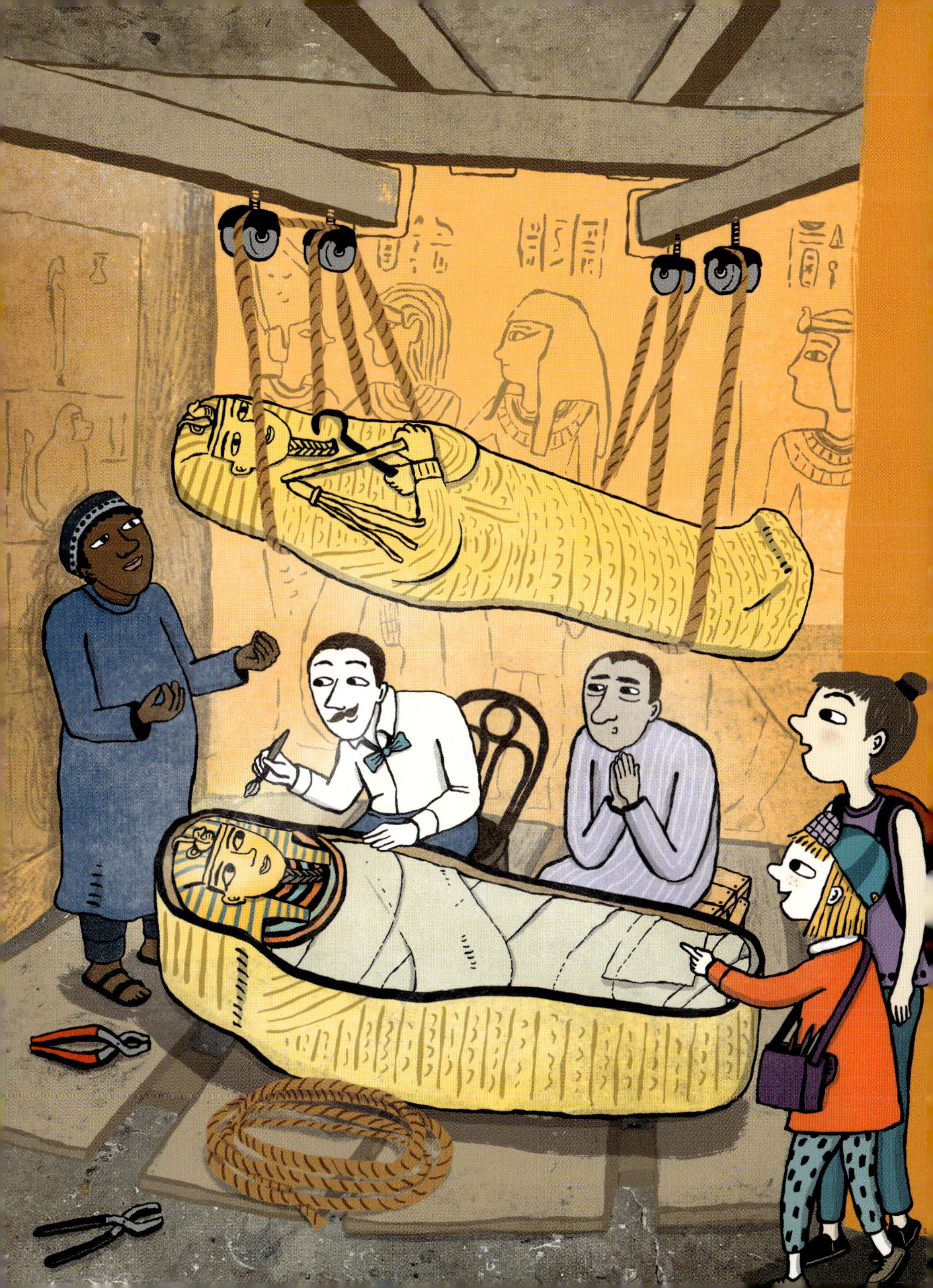

TUTANCHAMUN

was?

Grab und Grabschatz des Tutanchamun (bedeutet »geliebt von Gott Amun Re«) mit der Totenmaske als dem berühmtesten Gegenstand; der gesamte »Schatz« besteht aus rund 5000 Objekten, viele davon aus purem Gold und 19 aus Eisen

wer?

das Grab gehörte Pharao Tutanchamun, ziemlich sicher dem einzigen Sohn von Pharao Echnaton*. Er bestieg mit 9 Jahren (!) den Thron, wurde etwa 19 Jahre alt und starb im Jahr 1322 v. Chr.; verheiratet war er mit seiner (Halb?) Schwester Anchesenamun

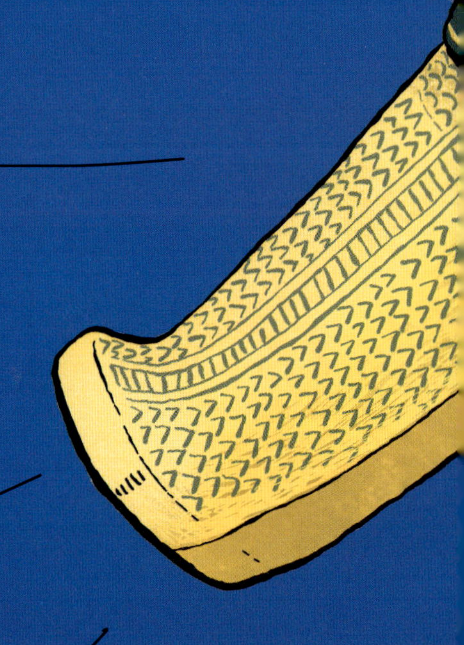

wo?

im sogenannten Tal der Könige in Ägypten

wann entdeckt?

4. November 1922

Grab und Grabschatz

durch wen?

Howard Carter gilt als der Entdecker; Wasserträger Hussein fand die Treppenstufe zum Grab

das Besondere?

ein nahezu unberührtes Pharaonengrab; dank der Fotografie und der Medien konnten im Jahr 1922 Menschen auf der ganzen Welt erstmals hautnah dabei sein, als der Schatz gehoben wurde; der gesamte Schatz gehört heute (glücklicherweise) dem ägyptischen Staat; einer der Sarkophage besteht aus purem Gold und ist 225 Kilogramm schwer. Das Eisen stammt aus einer Zeit, als Eisenherstellung noch gar nicht bekannt war!

und heute?

Ende 2022 soll ein eigens für die Tutanchamun-Schätze errichtetes Museum in Gizeh eröffnet werden (das größte archäologische Museum der Welt); die Mumie Tutanchamuns befindet sich in seinem Grab im Tal der Könige; bis heute werden dort immer wieder Funde gemacht

Die Fachleute

Haha, der klebt dem Pharao sicher eine.

Mein Name ist Ricarda und ich bin Ärztin, Spezialistin für Radiologie, Spezialmission: die Alten Ägypter.

Wir Radiologinnen und Radiologen sind die einzigen, die Menschen wirklich durchschauen, denn wir »durchleuchten« sie und blicken in ihr Inneres.
Wer zu mir kommt, dem kann ich sagen, was ihm fehlt.
Das klappt natürlich auch bei Mumien.
1968 hatten Wissenschaftler die Idee, das mit Tutanchamun zu machen. So kam der Pharao zum Röntgen!
Ich möchte nicht behaupten, dass Pharaonen unsere liebsten Patienten sind. Aber loben muss ich sie doch: liegen immer still – zappeln, jammern und meckern auch nicht. Nur unsere Bitte »tief einatmen!« ignorieren sie. Dafür sind sie Weltmeister im Luftanhalten!

Aber im Ernst: Von Anfang an wollten die Ägyptologen vor allem das hier wissen: Woran war Tutanchamun so jung gestorben? War er umgebracht worden?
Möglich, denn er hatte in unruhigen Zeiten gelebt.
Echnaton, sein Vater, hatte nämlich eine neue

Religion in Ägypten eingeführt – den Glauben an nur einen einzigen Gott. Alle anderen Götter hatte er verboten. Das gefiel nicht Jedem.

Beim Röntgen der Mumie erkannten die Mediziner eine Verdickung am Hinterkopf und einen Knochensplitter. Die Ägyptologen folgerten: na klar, starker Schlag auf den Kopf. Bumm, aus, tot! Das galt viele Jahre als wahrscheinlich.

Aber mit der Zeit entwickelte sich auch die Technik weiter. Schon längst sind wir nicht mehr nur auf Röntgenapparate angewiesen. Das neue Zauberwort lautet Computertomograf* kurz CT. Ein CT kann nicht nur Knochen und Nichtknochen voneinander unterscheiden, sondern auch ganz viele Feinheiten erkennen. Bei lebenden Menschen zum Beispiel die Leber, die Milz und so etwas. (Bei einer Mumie allerdings nicht, denn deren Innereien sind vorher alle entfernt und in besonderen Gefäßen, Kanopen*, beigesetzt worden.)
2005 wurde Tutanchamun aus seinem Grab gehoben und in den CT gelegt.

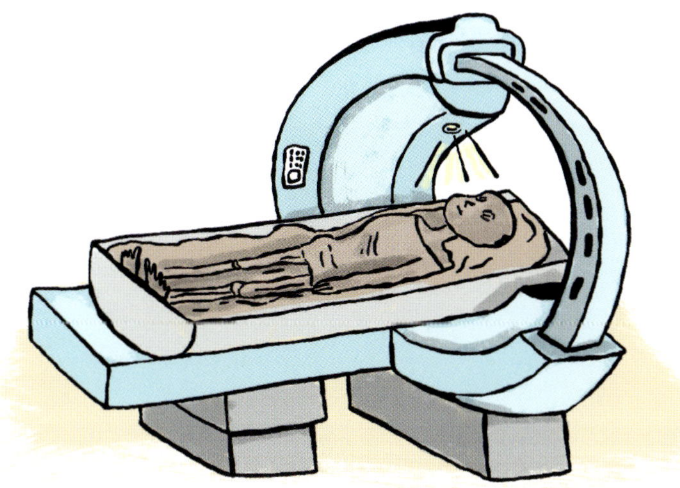

Die Karre hat schon mehr
drauf als mein oller Drahtesel.

Und plötzlich erzählte der junge Pharao den Wissenschaftlern seine Geschichte:

Er war 19 Jahre alt, als er starb, das sahen sie an dem Zustand seiner Knochen. Er war als Mumie zwar zusammengeschrumpft, aber zu Lebzeiten war er 1,70 Meter groß gewesen. Der Arme muss unter schlimmen Zahnschmerzen gelitten haben, denn seine Weisheitszähne steckten im Kiefer fest. Ansonsten waren seine Zähne gesund.

Die Radiologen betrachteten besonders die Schwellung am Schädel und erkannten: Sie war erst nach dem Tod des Pharao entstanden! Hier hatten die Einbalsamierer die Balsamierungsflüssigkeit in den Körper gefüllt. Das war nun einmal das Schicksal einer angehenden Mumie, die auf das ewige Leben hoffte.

Noch etwas konnten die Mediziner sehen: Tutanchamuns beide Beine und eine seiner Kniescheiben waren zertrümmert. Wenn ich es nicht besser wüsste, würde ich sagen: vom BMX-Rad geknallt, also Fahrradunfall. Eine ähnliche Erklärung fanden auch die Archäologen – dazu mussten sie sich nur in Tutanchamuns Grab umsehen. Eines seiner Hobbies waren schnelle Wagen. (Da unterscheidet er sich also gar nicht so sehr von vielen jungen Leuten heute.) Kurz vor seinem Tod muss er einen schlimmen Unfall gehabt haben. Das erklärt die Knochenbrüche. Warum er daran starb? Das konnten sie leider nicht erkennen. Gut möglich, dass sich die Wunden entzündeten. Oder dass er auch sonst geschwächt war. DAS kann das Gerät dann leider nicht erkennen, aber die Technik schreitet voran. Wer weiß, was wir in einigen Jahren alles noch rausfinden werden …

Hände hoch oder ich klebe.

Hallo, mein Name ist Dirk. Ich bin Klebstoffforscher, spezialisiert auf Heißschmelzklebstoffe. Wer eine Klebepistole hat, weiß, wovon ich spreche. Was ich mit Tutanchamun zu schaffen habe? Und Tutanchamun mit Hightechklebern? Tja, vielleicht mehr, als ihr vermuten würdet.

In der Zeitung hatte ich vor mehreren Jahren das hier gelesen: Im Ägyptischen Museum in Kairo war ein Mitarbeiter an den Bart des Pharao gestoßen, und der war abgebrochen. Der arme Mann muss einen riesigen Schreck bekommen haben. Er wusste sich nicht anders zu helfen, nahm den stärksten Kleber und klebte den Bart wieder an. Das ging eine ganze Weile gut, doch mehrere Monate später flog die Geschichte auf. Damals wurde dann Christian hinzugezogen, ein deutscher Restaurator, der gerade in Kairo war. Und auch ich bot meine Hilfe an. Beim Anblick des Pharao rollten sich uns die Fußnägel hoch!

Der Bart sah nicht gut aus – schief, Kleber war aus den Ritzen gequollen und fest geworden. Der Unglücksrabe hatte in seiner Verzweiflung einen fiesen Epoxidkleber verwendet! Der wird hart wie Stein, das soll er auch, das Blöde ist nur: Man kriegt ihn nicht mehr ab. Deshalb nimmt man ihn nur für solche Sachen, die nie mehr voneinander getrennt werden sollen. Nein, nicht für beste Freunde, sondern für Steine und Metalle.

Er muss wohl gedacht haben: »Merkt schon keiner! Hauptsache, das hält die nächsten 3344 Jahre.« Und er nahm viel Kleber, denn der Bart ist schwer – 2,5 Kilogramm! Und besteht vor allem aus Glas. (Apropos: Glas war zu Tutanchamuns Zeit ein ganz neues Material! Kurz vorher erst erfunden worden. Hier treffen die Hightech-Produkte aus verschiedenen Jahrtausenden direkt aufeinander, cool, oder?!)

Zum Glück wissen meine Kollegen und ich, wie man Klebstoffe wieder auseinanderbekommt. Und genau das haben wir geschafft. Erst den Kleber untersucht, weich gemacht, den Bart abgetrennt und alle Kleberreste entfernt. Und dann haben wir den perfekten Tutanchamun-Bart-Kleber erschaffen. Er hat besondere Eigenschaften: Er kann wieder entfernt werden, ohne Rückstände zu hinterlassen, ohne den Untergrund zu beschädigen oder zu verfärben. Er klebt auch im heißen Ägypten. Und er geht auch nicht kaputt, falls der gute Tutanchamun mal bewegt werden muss.

Wie wir das gemacht haben? Das sagen wir nicht! Etwas anderes verrate ich euch aber: Auch Howard hatte Probleme mit dem Bart des Pharao. Der war nämlich schon ab, als er den Sarkophag öffnete. Deshalb fehlt er auf allen alten Fotos bis 1946. Wir Klebstoffforscher sind glücklich, dass wir helfen konnten. Mit unserem Geheimkleber bleibt der Bart dran!

DAS ALTE ÄGYPTEN

Hallo, ich bin's, Kija. Als junge Ägyptologin erforsche ich das Alte Ägypten.

Das ist mega spannend. Ich muss nur vor einer Pyramide stehen und mir klar machen, dass Menschen sie erfunden und gebaut haben und dass der größte Steinblock darin so viel wiegt wie 250 Autos! Wie haben die den denn damals transportiert??? Kein Wunder, dass die Pyramiden von Gizeh als Weltwunder gelten: Man muss sich immerzu über sie wundern.

Wenn ihr an das Alte Ägypten denkt, denkt ihr an Pyramiden und Mumien, also an Gräber und Leichen. Das ist spooky, oder? Aber gar nicht überraschend. Das halbe Leben eines Alten Ägypters bestand nämlich darin, sich mit dem Tod zu beschäftigen. Denn jeder – ob Pharao oder Bauer – wollte im Jenseits* weiterleben. Wer es sich leisten konnte, nahm seinen halben Haushalt mit. Sonst funktionierte das Ticket ins Jenseits womöglich nicht.

Besonders eindrucksvoll: Pharaonengräber, hier speziell das Grab von Tutanchamun!

Was Carter nicht alles ans Tageslicht brachte! Gold und Schätze! Aber auch Massen an anderen Gegenständen, Essen und Möbeln. Carter war geradezu schockiert, als er all diese Dinge

TODal abgefahren diese Ägypter.

sah. Das hatte er nicht geahnt. Wie denn auch? Niemand hatte je ein vergleichbares, unversehrtes Grab gefunden. Und dann brauchte er JAHRE, um alles hinauszuschleppen. Ich stelle mir das vor wie den Umzug einer großen Familie aus einem riesigen Haus in eine andere Stadt. Kurz gesagt: Horror!

Wenn wir über Tutanchamuns Grab sprechen, dann sprechen wir von einem der Königsgräber im Tal der Könige. Wer sich jetzt fragt: »Ja, und was ist mit den Pyramiden?«, der muss wissen: Am Anfang hatten die Ägypter ihre Pharaonen in Pyramiden bestattet. Mit allem Pipapo, mit Grabkammer und Schatzkammer, Geheimgängen und Sicherheitsvorkehrungen.

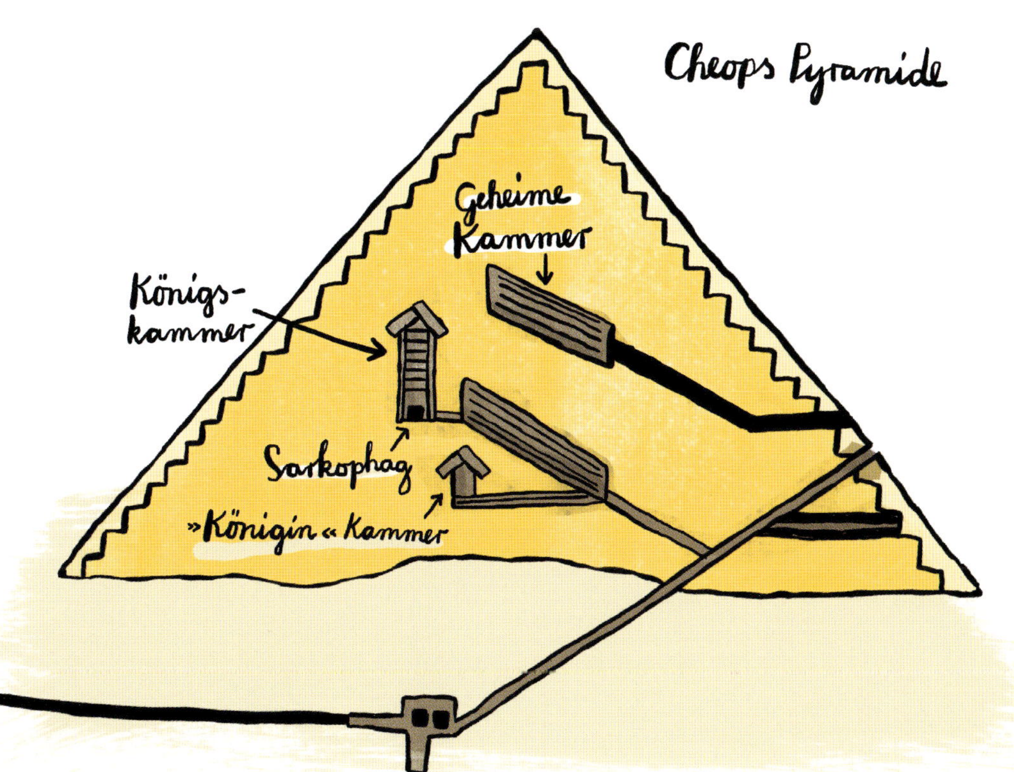

Trotzdem hatten Grabräuber die Gräber geplündert. Denn eine Pyramide ist nicht nur ein Pharaonengrab, sondern war auch eine weithin sichtbare Einladung an Grabräuber. Ungefähr so:

»Hallo, hier bin ich! Hier sind die Schätze!«

Zuerst hielten die Pyramidenbauer ihre Pyramiden noch für eine todsichere Sache … naja, waren sie ja auch, TOD-sicher, hihi. Zumindest wurde nie ein Pharao gesehen, der seine Pyramide lebendig verließ. Vielleicht wurde er im Jenseits in einen Gott verwandelt, das war auf jeden Fall die Hoffnung. Aber das konnte nur klappen, wenn der ganze Kram dem Pharao auch wirklich zur Verfügung stand. Wenn das einer wegnahm, dann brachte er den Toten um sein ewiges Leben. Aber das war den Grabräubern vollkommen schnurz und piepegal. Die wollten nur ein schönes Leben VOR dem Tod.
Irgendwann kam ein König (zur Zeit des sogenannten Neuen Reichs*) auf die Idee: »Wir ziehen um! Ab jetzt werden die Pharaonen im Tal der Könige bestattet.« Die Hoffnung war: In diesem ausgetrockneten, abgelegenen Flusstal in der Nähe von Theben sind die kostbaren Gräber sicher vor Räubern. Von wegen! Insgesamt wurden hier mehr als 60 Leute zur Ruhe gebettet, aber ausgeraubt wurden auch sie.
Jedes Kind hört in der Schule über die Alten Ägypter.

KV49
KV11
KV9
KV56
KV10
KV62
Also hier würde ich es auch ganz muckelig finden.

Gibt's dann auch 'ne Tiefkultur? In Höhlen?

Und warum? Nicht etwa, weil die Lehrer ihre Schülerinnen und Schüler quälen wollen. Ganz im Gegenteil! Weil's die Alten Ägypter echt drauf hatten.
Wie die aus einigen Siedlungen am Nil innerhalb von 200 Jahren eine gigantische Hochkultur* machten, die dann auch noch Jahrtausende hielt! Ui, das muss ich erklären: HOCHKULTUR.

Wer »Hochkultur« verstehen will, sollte sich einmal das hier vorstellen: Er oder sie würde vor Tausenden von Jahren irgendwo in einer kleinen Siedlung an einem Bach in einer Hütte leben. Würde sich von Beeren und Fischen ernähren. Und alle anderen würden das genauso machen – Fische fangen, Beeren pflücken, essen, trinken, Kinder in die Welt setzen, sterben. Schluss, aus. Und so würde das Jahre, Jahrzehnte, Jahrhunderte gehen und alle wären zufrieden – würden nichts erfinden, nichts Großartiges bauen, nicht über Religion nachdenken, höchstens mal in der Nase bohren, MEHR NICHT!
So. Genau DAS wäre dann allerdings KEINE Hochkultur. Das wäre eigentlich GAR keine Kultur. Und da diese Leute auch fast nix hinterlassen würden, hätten noch nicht einmal spätere Archäologen ihre Freude an ihnen.

Im Gegensatz dazu – Tataa! – die Alten Ägypter!
DIE hatten Hochkultur!

Hatten als einfache Nomaden angefangen, 200 Jahre lang in ihren Siedlungen am Nil gelebt, und zack, schon war ein mächtiges Reich entstanden – mit einem Pharao als Gott und Regierungschef, mit über 200 weiteren Gottheiten, Tausenden von Priestern, verschiedenen Berufen, einer ziemlich ausgebufften Vorstellung vom Jenseits, wahnwitzigen Pyramiden und Tempeln, einer Technik, die Wunderwerke möglich machte, Schrift, Sternenbeobachtungen, Kalender, Malerei, einem straff organisierten Staat, der Steuern eintrieb, zahllosen Beamten, Schulen und Militär. Das alles nämlich ist HOCHKULTUR. Wie es dazu gekommen war? Puh, lange Geschichte, aber ganz kurz: Damit all das entstehen konnte, brauchte es einiges.

Clevere und fantasievolle Leute etwa. Noch mehr aber den Nil, der 900 Kilometer lang war, und der mit seinen Überschwemmungen das Land so fruchtbar machte. So gab es – trotz Trockenheit und Megahitze – meist supergute Ernten. Oft konnte sogar mehr geerntet werden als verbraucht wurde. Da der Nil aber etwas unzuverlässig war und mal mehr, mal weniger Wasser mit sich führte, begannen die Ägypter, Be- und Entwässerungsanlagen zu bauen. Das bedeutete: Kluge Leute waren gefordert, Arbeiter mussten her, aber auch Arbeitsverträge, Lohn, Verpflegung, Unterkünfte, Beamte, die über alles Buch führten und sich auch sonst über alles Mögliche Gedanken machten … Voraussetzung, damit das klappte: perfekte Organisation. So entstand langsam, aber sicher, ein Staat. Reich wurden vor allem der Pharao und seine Beamten. Das Geld steckten sie – nein, nicht etwa in Fernreisen – wenn überhaupt, dann in die eine große Reise ins Jenseits. In die ewige Reise nach dem Tod.

Und solch eine Reise ließen sich die Pharaonen ganz schön was kosten! Bester Beweis: Tutanchamun und sein Grab. Zunächst hatten wir Ägyptologinnen und Ägyptologen ja keine Ahnung, WIE prachtvoll ein Pharaonengrab sein konnte. Aber dann kam Tutanchamun: Genau 100 Jahre ist es her, dass er das Licht der Welt erblickte. Nicht er natürlich, sondern sein Grab. Seitdem staunen wir und die vielen Rätsel, über die wir unsere Köpfe zerbrechen müssen, nehmen gar kein Ende.

Wo kam zum Beispiel das Eisen her, aus dem einige der Grabbeigaben gemacht sind? Wo man doch Eisen zu Tutanchamuns Zeit eigentlich noch gar nicht kannte, denn man konnte es noch nicht herstellen. Heute wissen wir: Das Eisen war – im wahrsten Sinne des Wortes – vom Himmel gefallen: Es stammt von einem Meteoriten. Ja, wirklich! Ganz sicher war es viel kostbarer als Gold.

Dann lassen uns auch die vielen Streitwagen im Grab immer wieder große Augen machen. Guckt man sich die einmal genauer an, erkennt man, was für Genies deren Konstrukteure gewesen sein müssen: Nur durch Lederschnüre und Steckverbindungen zusammengehalten, konnten die Wagen im Handumdrehen zusammengeklappt und mitgenommen werden. Absolut irre!

Genauso überrascht waren wir auch über eine Klappliege – stilvoller designt als alle modernen Campingliegen, die man heute so kaufen kann. Was aber hatte ein solches Möbelstück in Tutanchamuns Grab zu suchen? Brauchte er eine transportable Liege auf dem Weg ins Jenseits? Hatte er vielleicht eine Gehbehinderung? Musste er sich zwischendurch immer wieder ausruhen?
Besonders spannend wird es immer dann, wenn man etwas über Tutanchamun und sein Leben erfährt. Dass der junge König umgebracht wurde, ist Quatsch, das wissen wir. Ziemlich sicher ist stattdessen: Der Pharao kam bei einem Verkehrsunfall ums Leben. Womöglich auf einem seiner schnellen, coolen Wagen?

Was Tutanchamun angeht, gibt es noch etwas Gigantisches zu berichten: In Gizeh eröffnet bald das gewaltigste archäologische Museum der Welt, das »Grand Egyptian Museum«. Dort wird man die Grabschätze Tutanchamuns bestaunen können. Seine Mumie aber bleibt in seinem Grab, denn da gehört sie ja auch hin. Tutanchamun – der Shootingstar der Superlative: Er war der unbekannteste, der am meisten und am verzweifeltsten Gesuchte. Jetzt ist er der beliebteste mit dem tollsten Museum. Die »mausetoteste Mumie« lebt weiter – zumindest in unseren Köpfen! Hat also doch geklappt mit der Unsterblichkeit.

Hussein war und blieb der Entdecker der ersten Stufe zum Pharaonengrab. Aus Dankbarkeit verkleidete Howard ihn später als Pharao und ließ Harry ein Foto zur Erinnerung machen. Hussein arbeitete noch viele Jahre als Wasserträger, aber nie mehr entdeckte er etwas ähnlich Gigantisches. Noch als alter Mann lebte er in der Nähe des Tals und zeigte jedem voller Stolz sein Foto mit dem Schmuck Tutanchamuns.

Howard Carter galt lange als der vorbildliche Entdecker des Tutanchamun-Grabs. Seit einigen Jahren bröckelt dieses Bild: Ließ er Funde mitgehen? Machte er ungenaue Fundangaben? Wie dem auch sei und was auch immer noch ans Tageslicht kommen wird: Für immer wird sein Name in einem Atemzug mit Tutanchamuns Entdeckung genannt werden. Unsterblichkeit – auch für ihn.

Lord Carnarvon sah leider nicht mehr mit eigenen Augen, wofür er jahrelang sein Geld im Wüstensand versenkt hatte. Er starb, nachdem sich ein Moskitostich in seinem Gesicht entzündet hatte. Heute wäre ihm bestimmt klar, dass er mit gründlichem Händewaschen eine Infektion hätte verhindern können. Und dass nicht der Fluch der Mumie dafür verantwortlich war!

Und was ist aus all den LEUTEN geworden?

Lady Evelyn kam nie mehr nach Ägypten, nachdem ihr Vater gestorben war. Nur aus Zeitungen erfuhr sie, wie es mit Tutanchamuns Grab weiterging. Jahre später sah sie bei einer Tutanchamun-Ausstellung in London den jungen Pharao doch noch leibhaftig. Ihren Enkelkindern musste sie immer wieder die Geschichte von der Entdeckung Tutanchamuns und dem Abendessen im Pharaonengrab erzählen.

Harry Burton war zehn Jahre lang der Fotograf der Ausgrabung und damit Howards Auge und Gedächtnis. Er machte Tausende Fotos, die alles ganz genau dokumentierten. Man kann sagen, dass er dem Pharao Unsterblichkeit verlieh. Aber auch sich selbst: Er war und blieb der einzige archäologische Fotograf, der weltberühmt wurde.

Tutanchamun blieb nach seiner Entdeckung das, was er auch schon davor gewesen war: eine Mumie. Aber mit einem Schlag wurde aus dem unbekannten König der berühmteste Pharao aller Zeiten. Für Wissenschaftlerinnen und Wissenschaftler ist und bleibt er ein faszinierendes Forschungsobjekt. Vieles haben sie schon herausgefunden – wer zu seinen Verwandten zählte etwa. Was er in seiner Freizeit machte und welches sein Lieblingsessen war? Auch das wissen sie bereits!

DAS SCHATZSUCHER-

Kelle

Bleistift

Meißel

Kelle

Hammer

Spaten

Absperrband

Eimer

Maßstab

Lineal

HANDBUCH

Schaufel

grober Pinsel

Hacke

Lupe

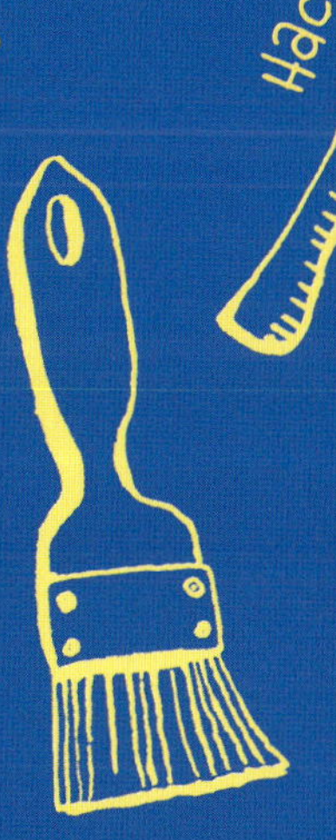

feiner Pinsel

Ägyptologinnen/Ägyptologen erforschen das Alte Ägypten, die Vergangenheit des Volks am Nil. Diese Kultur dauerte vom 4. Jahrtausend v. Chr. bis ins 10. Jahrhundert n. Chr. Ägyptologie heißt die Wissenschaft und gehört zur *Archäologie*. Wer Ägyptologe werden möchte, muss studieren und benötigt dafür die Hochschulreife (Abitur).

Alabaster ist ein Stein mit besonderen Eigenschaften: stabil, transparent und weich wie Gips. Er kommt auch in Ägypten vor und wurde häufig verwendet.

Arbeiter Im *Tal der Könige* fanden sich auch Spuren derer, die hier arbeiteten (Künstler, Handwerker, Arbeiter, nicht etwa Sklaven). In den hier entdeckten Hütten waren ihre Werkstätten, in Deir-el Medine lebten sie.

Ein/e **Archäologe/Archäologin** sucht im Untergrund nach verschütteten, unentdeckten Bauten oder Gegenständen vergangener Kulturen.

Computertomografie ist eine spezielle Untersuchungsmethode, bei der 3-D-Bilder eines menschlichen Körpers entstehen.

Dokumentieren gehört zu den wichtigsten Aufgaben eines *Archäologen*, denn eine Ausgrabung ist immer auch Zerstörung. Dokumentieren geschieht mit Worten, Zeichnungen und Fotografien. Interessant sind etwa solche Fragen: Wie sah der Fundort vor der Grabung aus? Wie lag der Fund im Boden?

Echnaton ist ein altägyptischer *Pharao*, ziemlich sicher Tutanchamuns Vater. Berühmt wurde er vor allem für seinen Versuch, die ägyptische Götterwelt abzuschaffen und dem Sonnengott Aton den Vorrang vor allen anderen zu geben.

Gewachsener Felsen ist das Gestein, das eine zusammenhängende Einheit bildet. Durch Graben bis dorthin kann sichergestellt werden, nichts zu übersehen, was in den losen Schichten darüber liegt.

Der **Fluch des Pharao** nennt man den Glauben, dass derjenige stirbt, der das Grab eines *Pharao* öffnet. Er hielt lange Zeit die Welt in Atem: Während und kurz nach der Öffnung des Grabs geschahen »seltsame« Dinge, der Lord starb, Carters Kanarienvogel wurde von einer Schlange gefressen und anderes. Dennoch sind sich Wissenschaftler einig: Einen solchen Fluch gab und gibt es nicht und die Todesfälle lassen sich anders erklären.

Fundteilung Absprache, nach der die eine Fundhälfte im Land der Ausgrabung bleibt, die andere in das Land geht, das die Grabung finanziert. Nach dem Fund Tutanchamuns änderte Ägypten das Gesetz. Alle Gegenstände mussten dort bleiben.

Grabräuber Grabräuberei war und ist strafbar, nicht nur im Alten Ägypten: wegen des Diebstahls, aber auch wegen der Störung der *Totenruhe*.

Grabungslizenz Nur wer eine besitzt, darf in einem archäologisch ausgewiesenen Bereich graben. Aus gutem Grund: Der Besitzer oder die Besitzerin muss über das nötige Fachwissen verfügen.

Hieroglyphen sind die Schriftzeichen (»heiligen Zeichen«) des Alten Ägypten. Sie bestehen aus Bildern. Lange hielt man sie für unlesbar. Erst 1822 gelang es, sie zu entziffern.

Von **Hochkultur** spricht man dann, wenn ein Volk sein Zusammenleben so erfolgreich gestaltet, dass eine gemeinsame Schrift, Religion, verschiedene Berufe entstehen.
Es gab im Altertum verschiedene Hochkulturen. Die ägyptische Hochkultur war die erste im Mittelmeerraum.

Jenseits Jede Kultur hat ihre Vorstellung von dem, was nach dem Tod kommt. Die Alten Ägypter glaubten an ein ewiges Leben. Voraussetzung dafür war der konservierte Körper, also die *Mumie*, und alles, was der Mensch im Jenseits brauchte. Daher auch die vielen Lebensmittel im Grab, sozusagen die Care-Pakete fürs Jenseits.

Kanopen sind Gefäße, in denen Eingeweide *mumifiziert* und die gesondert von der *Mumie* beigesetzt wurden.

Kartusche ist das Oval, das den Geburts- und *Thronnamen* eines *Pharao* auf Inschriften oder *Siegeln* umgibt.

Königstotenstadt ist die Begräbnisstätte der ägyptischen Herrscher im *Tal der Könige*.

Konservieren heißt haltbar machen und bewahren.

Mumie ist das, was nach der *Mumifizierung* von einem Menschen übrigbleibt. Nicht nur im Alten Ägypten gab es Mumien, sondern überall auf der Welt. Manchmal werden Leichen unter besonderen Klimabedingungen von allein zu Mumien, in unseren Breitengraden zum Beispiel die sogenannten Moorleichen.

Mumifizierung Um im *Jenseits* weiterleben zu können, war ein unversehrter Körper wichtig. Deshalb wurden Tote mumifiziert, haltbar gemacht, Eingeweide entfernt, der Körper von innen gereinigt und getrocknet. Als Balsamierungsflüssigkeiten wurden erhitzte Öle verwendet, die ins Körperinnere gegossen wurden und den Körper elastisch hielten. Mumifizierungen waren – je nach Aufwand – unterschiedlich teuer, auch Ärmere konnten sich eine einfache Mumifizierung leisten. Sie dauerten bis zu 70 Tage.

Neues Reich Man unterteilt die lange Zeit des Alten Ägypten (rund 3000 Jahre) in das Alte, Mittlere und Neue Reich sowie mehrere Zeiten dazwischen. Das Neue Reich dauerte von etwa 1550–1070 v. Chr. Tutanchamun lebte in dieser Zeit.

Pharao war der Titel für den König von Ägypten. Er bedeutet »großes Haus«, denn sein Körper war das Zuhause für einen Gott.

Ramses VI. *Pharao*: Sein beeindruckendes Grab (KV9) zog schon vor Tutanchamuns Entdeckung zahlreiche Touristen ins *Tal der Könige*. Seit 2020 kann man online durch das 3-D-Modell seines Grabs laufen.

Sarkophag griechisch »Fleischfresser«, ursprünglich aus Stein gemacht, dient als Sarg.

Schatzsuche/selber graben in Ägypten? Rund um die Pyramiden? Im *Tal der Könige*? Wer das tut, kriegt richtig Ärger. Leider wird man auch im eigenen Garten keine ägyptischen Schätze finden. Besser: Taschengeld sparen, 18 werden und ein Praktikum auf einer echten Ausgrabung mit Forscherinnen und Forschern planen. Ägyptologische Institute verschiedener Universitäten und Institute forschen und graben in Ägypten. Dazu Stichworte wie »Ägyptologie«, »Grabungen« und »Teilnahme« googeln. Wem es ums selber graben im Allgemeinen geht: Dusty Diggers Band 1 und Band 2 lesen und weitere Tipps erhalten! Ägyptische Kunst kannst du in Museen größerer Städte (nicht nur in Berlin) bewundern. Dazu die Stadt und etwa »Ägyptische Kunst« als Stichworte im Web suchen.

Ein **Siegel** ist ein Abdruck mit Bild oder Schriftzeichen. Mit einem Siegel wurde die Unversehrtheit – hier der Türen – offiziell beglaubigt.

Tal der Könige Am westlichen Nilufer gegenüber der Stadt Theben gelegene Begräbnisstätte der *Pharaonen* des *Neuen Reichs*. Es gibt auch ein Tal der Königinnen.

Einen **Thronnamen** bekam ein *Pharao* am Tag seiner Krönung verliehen, der dann dem ersten, dem Eigennamen, hinzugefügt wurde. Tutanchamuns Thronname lautete Neb-cheperu-Re, Tutanchaton, später in Tutanchamun geändert, war sein Eigenname.

Totenruhe darf nicht gestört werden. Das galt früher und gilt auch heute noch. Natürlich nicht für Howard Carter, der ein wissenschaftliches Interesse daran hatte, Gräber zu öffnen – genau wie seine Kollegen.

Spannend wie ein Krimi: Die Sachbuchreihe »Dusty Diggers« über die wichtigsten archäologischen Funde in Deutschland und der Welt

Wir erzählen mit dieser Reihe Geschichten von der Vorzeit bis zur Neuzeit:

Band 1: **Auf der Jagd nach der krassesten Pizza der Bronzezeit**
Die Geheimnisse der Himmelsscheibe von Nebra
ISBN 978-3-86502-446-6

Band 2: **Gekrächze aus der Urzeit**
Das Geheimnis des Urvogels Archaeopteryx
ISBN 978-3-86502-460-2

Band 3: **Wilde Wikinger in Sicht**
Das Geheimnis von Haithabu
ISBN 978-3-86502-466-4

Band 4: **Die mausetoteste Mumie aus dem Alten Ägypten**
Das Geheimnis von Tutanchamun
ISBN 978-3-86502-486-2

Band 5: **Der cool tätowierte Jäger aus der Steinzeit**
Das Geheimnis von Ötzi
ISBN 978-3-86502-476-3

Coole Schatzkarten zu den einzelnen Bänden für tolle Kinderpartys finden Sie auf:
www.seemann-henschel.de
www.facebook.com/seemanns.bilderbande
www.instagram.com/seemann_henschel_verlagsgruppe

Projektmanagement: Caroline Keller
Lektorat: Nadine Fischer
Layout und Satz: Barbara Hinz, Leipzig, bureaubara.de
Herstellung, Druck und Bindung: feingedruckt – Print und Medien, Neumünster, feingedruckt.de

Nachhaltig produziert nach Kriterien des Ökolabels Nordic Swan, zertifiziert: Material FSC®-zertifiziert

Bibliografische Information der Deutschen Nationalbibliothek
Die Deutsche Nationalbibliothek verzeichnet diese Publikation in der Deutschen Nationalbibliografie; detaillierte bibliografische Daten sind im Internet über http://dnb.dnb.de abrufbar.

ISBN 978-3-86502-486-2